AF286073

Cordula Roemer

# Wie überlebe ich als Hochsensible/r Familienfeste?

Reihe: Wie überlebe ich ...

Band 1

Alle Texte in diesem Buch sind zu **100%** KI-frei erstellt

# Wie überlebe ich

als Hochsensible/r

# Familienfeste?

von Cordula Roemer

## Impressum

Bibliografische Information der Deutschen Nationalbibliothek: Die Deutsche Nationalbibliothek verzeichnet diese Publikation in der Deutschen Nationalbibliografie; detaillierte bibliografische Daten sind im Internet über http://dnb.dnb.de abrufbar.

Lektorat & Korrektorat: Claudia Drenda

Layout: Cordula Roemer

Verlag: BoD · Books on Demand GmbH, In de Tarpen 42, 22848 Norderstedt

Druck: Libri Plureos GmbH, Friedensallee 273, 22763 Hamburg

ISBN: 978-3-7693-1266-9

# Inhaltsverzeichnis

*Die zwei wichtigsten Tage deines Lebens sind
der Tag, an dem du geboren wurdest, und
der Tag, an dem du herausfindest, warum.*
Mark Twain

# WILLKOMMEN – DIE FEIER BEGINNT

Oh, wer liebt sie nicht?! Jene Zusammenkünfte, die uns, weit jenseits unserer Nestflucht – oder des Neststurzes, je nach Typ - wieder mit unseren Lieben aus Kindheitstagen zusammenführen? Jene Feiern, die voll des Jubels und der jährlichen Begeisterung unserer Existenz sind? Jene Feste, die in allen Kalendern unseres Landes stehen? Und jene Feste, die uns bei aller Liebe und Verbundenheit füreinander manchmal an den Rand der Verzweiflung oder des Wahnsinns treiben?

Hochsensible mögen sie nicht! Also, genauer gesagt: Unter manchen Umständen mögen sie sie manchmal nicht. Das ist nicht böse gemeint. Es liegt einfach in der Sache der Natur. Der Natur hochsensibler Menschen.

Wenn du verstehst, was ich meine, bist du womöglich hochsensibel.
Wenn du dich fragst, was dieser Quatsch hier soll, bist du's vielleicht nicht.
Das war die erste Testfrage. Weitere folgen später. Aber nimm es nicht so ernst…

Zurück zu den wunderbaren Familienfeiern und ihren Tücken für Hochsensible. Es gibt zwei Arten von Feiern:

1. Jene, zu denen du nicht gerne gehst.

2. Jene, zu denen du gerne gehst, aber …!

Die **1.** Sorte Feier solltest du rasch aus Deinem Leben verbannen – es sei denn, es ist eine besondere Verpflichtung damit verbunden, zum Beispiel der Herzens-Opa wird 80, oder du möchtest deiner geliebten Schwester im Kreise der, ähm… anspruchsvollen Familie zur Seite stehen. Oder oder oder. Dann empfiehlt es sich, du machst aus der ersten Feier eine zweite!

### Dies ist eine Bewusstseinsübung.

Wie jetzt? Bewusstseinsübung? Nun, ein Großteil unserer Empfindungen in beziehungsweise *zu* einer Situation entstehen durch unsere innere Haltung in Bezug auf die jeweilige Situation. Für die ungewünschte Feier-Einladung bedeutet dies: Überprüfe deine innere Haltung, halte Ausschau nach passenden Lösungen (derer kannst du in diesem Buch einige entwickeln), setze dir den richtigen Rahmen – und genieße das Fest auf *deine* Weise.

Die **2.** Sorte von Festen können dein Herz erfreuen, dich den Alltag vergessen lassen (falls nötig) und deine Beziehungs- und Kommunikationsfähigkeit trainieren, wenn ... ja, wenn da nicht diese ständig offenen Kanäle wären. Dieses Zuviel hiervon und Zuwenig davon. Übrigens ...

### Wusstest du schon?

*Überforderung* und *Unterforderung*

tritt bei feinfühligen Menschen oftmals *gleichzeitig* auf! Das fällt bloß nicht auf, weil sich beide in gleicher Weise zeigen:

- Konzentrationsprobleme
- Gereiztheit
- Verspannung
- Langeweile
- Leistungsabfall
- Desinteresse
- etc.

Interessant ist, dass die *Überforderung* im sensorischen Bereich entsteht, also es ist zu laut, zu grell, zu miefig und so weiter. Die *Unterforderung* kommt auf, wenn es für das aufnahmewillige System zu wenig sinnhafte Inhalte gibt, also zu oberflächlich, zu langweilig oder das falsche Thema.

**Beobachte dich** auf der nächsten Feier: Bist du eher über- oder unterfordert oder gar beides? Je nachdem, was dich mehr „stresst", kannst du schauen, wie du den Stressauslöser änderst.

⇒ Bist du sensorisch überreizt, suche dir ein ruhiges Plätzchen.

⇒ Bist du kognitiv unterfordert, suche dir einen spannenden Gesprächspartner oder eine herausfordernde Aufgabe.

Ganz wie es bei hochsensiblen, hochbegabten, medial begabten und feinfühligen Menschen üblich ist, sind wir miteinander bereits tief ins Metier eingestiegen.

Wenn du jetzt noch mit dabei bist, stehen die Chancen gut, dass auch du eine oder einer von uns bist.

# REAGIERE ICH HOCHSENSIBEL?

Mal schauen. Um deine nächste Feier bestmöglich zu überleben, solltest du dich gut kennen. Daher machen wir jetzt einen kleinen Test.

Gehe es ganz entspannt an und beantworte einfach hier die ersten Fragen schwungvoll aus dem Bauch heraus. Fühle, wie du *tendenziell* reagierst.

1) Was ist deine erste Reaktion, wenn du zu einer Familienfeier eingeladen wirst?

❑ Begeisterung
❑ Entsetzen
❑ Ist okay

Kann ich so nicht sagen. Das kommt drauf an, sagst du?

Dann hast du die Frage wie viele Hochsensible beantwortet! Das ist ein ziemlich deutlicher Hinweis auf eine Hochsensibilität (oder auch Hochbegabung und andere Feinfühligkeit), weil wir ja immer die Vielfalt und das Komplexe hinter dem Einfachen sehen.

Oder hast du es tatsächlich ohne Schnick und Schnack, einfach so aus dem Bauch heraus ganz direkt und entspannt beantwortet?
Dann bist du entweder nicht hochsensibel (was kein Manko ist!!) oder
du hast dich schon super mit deiner Entscheidungskraft befasst. (Dann fahre mit Frage 2 auf der folgenden Seite fort!)

Wir üben das nochmal, denn bei aller analytischer Komplexität sollten wir Feinfühligen mit unserer Wahrnehmungskompetenz auch unser leider oft verdrängtes Bauchgefühl spüren und ernstnehmen. Manchmal braucht's dafür halt etwas Vertrauen und Training.

| | |
|---|---|
| 1) Was ist deine erste Reaktion, wenn du zu einer Familienfeier eingeladen wirst? | ❑ Begeisterung<br>❑ Entsetzen<br>❑ Ist okay<br>❑ kommt darauf an |
| 2) Welche vorrangigen Gefühle sind für dich mit einer Familienfeier verbunden? | ❑ Freude<br>❑ Stress<br>❑ drohende Langeweile<br>❑ alles viel zu viel<br>❑ kommt darauf an |
| 3) Welchem ersten Impuls nach dieser frohen Botschaft folgst du? | ❑ zusagen<br>❑ absagen<br>❑ mal drüber schlafen (wann soll das Fest nochmal sein?)<br>❑ Partnerin oder Partner fragen |
| 4) Was ist dir im Vorfeld wichtig, über die Feier zu wissen? | ❑ Ort<br>❑ Zeit<br>❑ wer kommt<br>❑ Dresscode |
| 5) Wie lautet deine Lieblings-Antwort? | ❑ Oh, wie schön! Ich freu mich!<br>❑ Ach, ist's schon wieder so weit?!<br>❑ Okay, soll ich was mitbringen?<br>❑ Verflixt, da kann ich nicht. Schaaade! |

| | |
|---|---|
| 6) Was ist deine Lieblingsausrede? | ❏ bin krank<br>❏ muss arbeiten<br>❏ du weißt doch, ich komme nie<br>❏ keine, ich bin immer dabei |
| 7) Welche Art von Mitbringsel liegt dir am ehesten? | ❏ ein gutes Buch<br>❏ ein Wein von<br>    ❏ Aldi  ❏ Bioladen<br>❏ Geld<br>❏ nichts<br>❏ kommt darauf an |
| 8) Wie bereitest du dich auf das Ereignis vor? | ❏ gar nicht<br>❏ viel schlafen<br>❏ ich rede vorher mit jemandem<br>❏ ich meditiere und mache Anti-Stressübungen |
| 8) Wie bereitest du den Event für dich nach? | ❏ bin extrovertiert – wann ist das nächste Fest?<br>❏ Bewegung, viel Bewegung<br>❏ Ruhe, viel Ruhe<br>❏ ich rede danach mit jemandem<br>❏ ich meditiere und mache Anti-Stressübungen |

# ENTSCHEIDUNG FINDEN

Noch ein Wort zur Entscheidungskraft. Hochsensible kämpfen häufig mit der wählbaren Vielfalt. Die Qual der Wahl ist hier wirklich eine Qual. Aus meiner Erfahrung gibt es hierfür zwei interessante Blickwinkel, die die Entscheidungsfindungen leichter werden lassen:

1. Gibt es eine grüne und eine rote Tasse, zwischen denen du dich entscheiden willst, ist die Frage der Entscheidung einfach: Entweder grün oder rot. Was ist jedoch, wenn es nur die grüne Tasse gibt? Kannst du dich dann auch entscheiden? Ja! *Für* oder *gegen* die grüne Tasse. Die Wahl liegt nun nicht mehr in der Auswahl der Gegenstände (oder Situationen), sondern in der Auswahl deiner Haltung oder Handlung. Das ist ein wesentlicher Unterschied und wird im Alltag häufig übersehen. Du hast immer die Wahl! Und du wählst auch immer – bewusst oder unbewusst.

2. Die zweite Möglichkeit der Entscheidungsfindung lautet: Es ist egal, wofür du dich entscheidest! Wahrscheinlich rebelliert jetzt dein Verstand und behauptet, dass dies völliger Quatsch ist, es sowas von gar nicht egal sei, ganz im Gegenteil, es ja genau deswegen so schwierig ist, weil es wichtig

ist und so weiter. Stimmt, für manche Entscheidungen gilt diese Herange-hensweise nicht. Allerdings für Entscheidungen, bei denen es mehr als drei oder vier Optionen gibt, ist sie, wenn auch herausfordernd, hilfreich.

Es gibt so unendlich viele kleine Alltagsentscheidungen, die wir so angehen können. Warum? Weil letztlich *jede* Entscheidung, ganz gleich wie sie aus-fällt, zu einem führt:

### Einer neuen Erfahrung!

Es ist wie ein Ast am Baum. Jede Erfahrung ist ein Ast oder Ästchen. Es gibt derer viele, manche schön, manche krumm, und alle gehören zum Baum. Jede Erfahrung gehört zu dir und gestaltet dein Wesen und dein In-dieser-Welt-Sein. Wenn du beginnst, diesen Blickwinkel in deine Entscheidungen mit einzubauen, werden sie dir zukünftig leichter fallen.

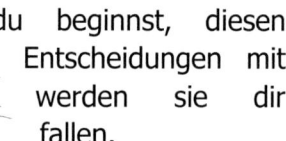

# HOCHSENSIBEL? WAS IST DAS?

Hier kommt das Klein(er)gedruckte!

Haben dich die Fragen etwas verwundert? Oder dachtest du öfters: „Ja, kenn' ich, kenn' ich, kenn' ich!"? Hochsensibilität ist ein bisschen anders; ergo sind auch Hochsensible ein bisschen anders, auch wenn sie das selbst gar nicht immer so mögen, aber das ist ein anderes Thema.

Schauen wir doch einmal nach den Hintergründen der sonderbaren Fragen.

Hochsensibilität ist das angeborene Phänomen, dass sämtliche Wahrnehmungskanäle mehr wahrnehmen (individuell unterschiedlich verteilt), die ganze Vielfalt ausgesprochen intensiv verarbeitet wird und dann – im besten Falle – zu wunderbaren, spannenden und meist sehr hilfreichen Ergebnissen führt.

Da sich so ziemlich das Meiste von dem hier gerade Angeführten schön still und leise im neuronalen Hintergrund tummelt, bekommen die Betreffenden es entweder gar nicht mit (was keinen Namen hat und uns nicht erläutert wurde, entzieht sich dem bewussten Verständnis – es scheint nicht zu existieren), oder sie fühlen es irgendwie, aber es gibt keinen Rahmen, in dem sie sich damit so richtig austoben können, oder – die schmerzhafteste Variante – ihnen wurde suggeriert, dass das, was sie da so fühlen und brauchen, völlig falsch ist.

All das, die vielen Wahrnehmungen, das Nicht-gut-ausleben-Können oder gar die völlig falschen Paar Schuhe, in denen manche dieser Spezies leben, führen zu bestimmten Bedürfnissen, z.B.: Sinn soll es haben, komplex, perfekt oder harmonisch muss es sein, es muss zu mir passen oder ich brauche anders geartete Grenzen. Dies prägt und gestaltet jede

Lebenssituation, nur eben etwas anders. Diese Bedürfnisse wollen gesehen und be-rücksichtigt werden. Was bedeutet das nun für die anberaumte Festivität?

Viele Menschen = Viele verschiedene Reize, die das hochsensible System am liebsten alle auf einmal aufsaugen möchte → Überreizung → Schutz: Ich gehe lieber doch nicht hin oder schnell wieder weg.

Was wird sein? = Überraschungen und Veränderungen bringen unvorhersehbar viele Reize mit sich → Überreizung (auch etwas Schönes kann zu viel sein) → Schutz: Ich gehe lieber doch nicht hin, oder schnell wieder weg.

Erst mal drüber schlafen = wie bei Überraschungen → „drüber schlafen" verschafft Zeit, in der be- und verarbeitet werden kann, was da auf dich zukommt. Anschlie-ßend kannst du leichter eine durchdachte beziehungsweise durchfühlte Entscheidung fällen.

Dresscode, Mitbringsel = da das hochsensible System so viel aufnimmt, hat es viel Auswahl. Wo andere das Erstbeste nehmen oder sich mit den sozialen Konventionen sicher fühlen, grübelt der und die Hochsensible unter Umständen lange über die ver-schiedenen Optionen nach → Entscheidungsschwierigkeiten → Unsicherheit, Stress → Vermeidungstaktiken entstehen

Ausreden = Hochsensible sind in der Regel grundehrlich. Ausreden werden vermie-den…, aber manchmal geht's nicht ohne → Stress, Unwohlsein → Vermeidungstakti-ken entstehen

Vorbereitung = sind notwendig, um die unbekannten Komponenten des Vorhabens (unbewusst) durchzuspielen und damit das System vorzubereiten und einzustellen.

# BIN ICH FEIERGEEIGNET?

Bist du überhaupt feiergeeignet? Oder sind nur ganz bestimmte Feste oder ganz bestimmte Menschen für dich ein rotes Tuch? Beides ist möglich. Daher kommt hier der ultimative Feiertest.

**Diese Feiern sind:**

super:............................................
....................................................
okay:............................................
....................................................
NoGo:..........................................
....................................................

**6 Gründe, die mich abhalten, zur Feier zu gehen:**

1).................................................
2).................................................
3).................................................
4).................................................
5).................................................
6).................................................

**Ich mag Menschen generell gerne zu:**

0%          25%

50%          75%

100%

Worauf freust du dich bei einer Familienfeier besonders? Trage eine %-Zahl von 0% - 100% in das entsprechende Feld ein.

Schaue nach den letzten beiden Festen wieder hier in deinem Buch nach, ob sich an deiner Verteilung was geändert hat.
Falls es weitere Punkte gibt, weswegen du gerne zu der Feier gehst, trage sie hier ein.

..............................................

..............................................................

Essen & Trinken

Verwandte

was anderes

Freunde

spannende Gespräche

neue Gesichter

Musik & Tanz

Ich mag es gerne trubelig.

0%                    25%

50%            75%

100%

Ein Fest wird nicht nur schön durch seine Gäste, sondern auch durch das Ambiente und wie angenehm dieses dir ist. Wer feiert schon gerne im Treppenaufgang eines Hochhaues? Andererseits kennen die meisten von uns das Phänomen, dass die beste Stimmung in der Küche ist – auch wenn eigentlich nur drei Leute reinpassen. Auch ändert sich der bevorzugte Aufenthaltsort mit dem Alter: Die Kids verschwinden im Kinderzimmer – oder mischen die komplette Feier auf. Die jungen Erwachsenen wollen tanzen und die Älteren sind für eine bequeme Sofalandschaft dankbar.

Wo finden wir dich? Hier halte ich mich bei einem Fest am meisten oder liebsten auf: Zeichne an deine Lieblingsstellen ein Kreuz, einen Kreis, eine Markierung oder ein eigenes Symbol ein.

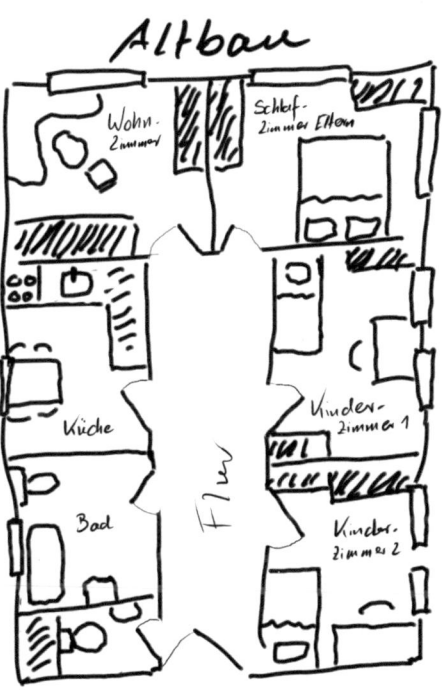

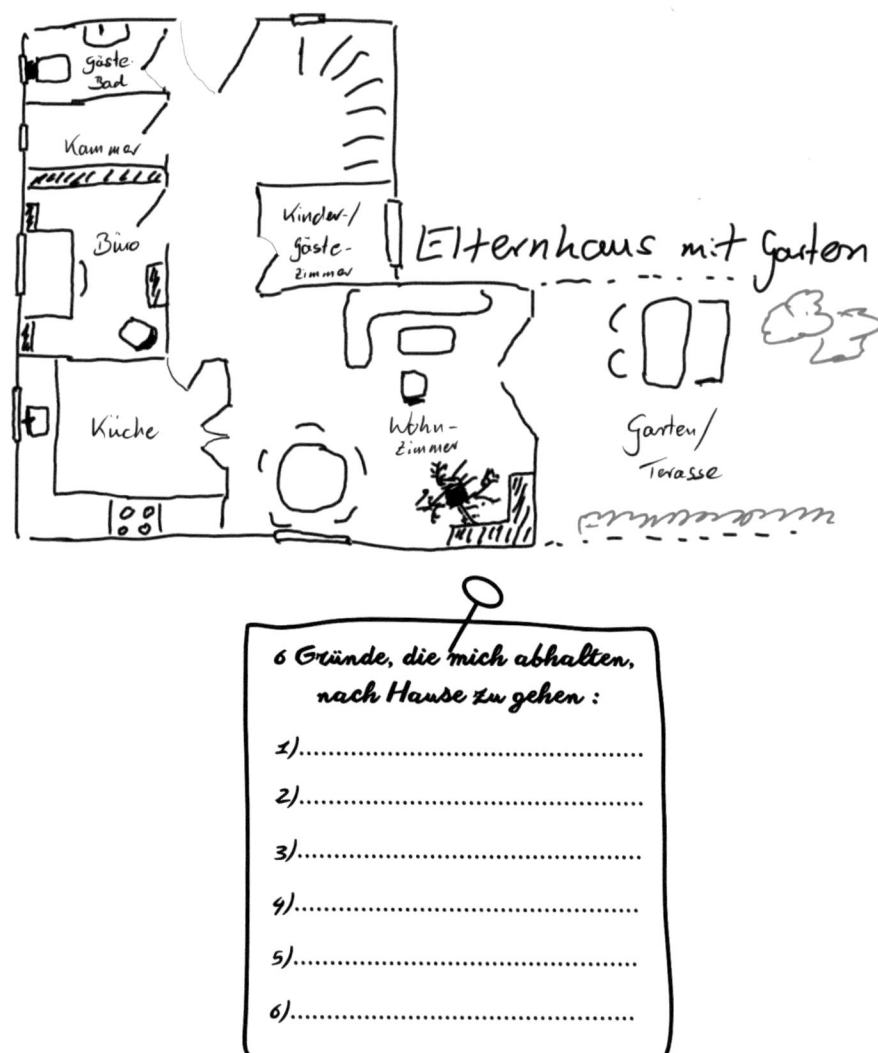

gäste-Bad

Kammer

Büro

Kinder-/gäste-zimmer

Küche

Wohn-zimmer

Elternhaus mit Garten

Garten/Terasse

6 Gründe, die mich abhalten,
nach Hause zu gehen :

1)...................................................

2)...................................................

3)...................................................

4)...................................................

5)...................................................

6)...................................................

18

# RAST MIT RÄTSEL

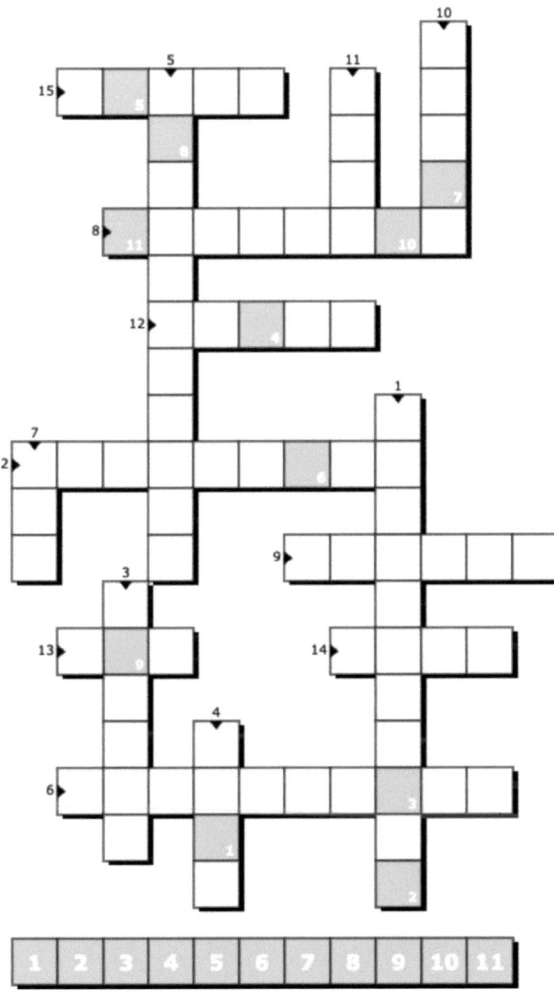

1. beliebtes Familienfest
2. eierlegendes Langohr
3. Gegenteil von zu wenig
4. Fluchtweg
5. Erwartung von
6. Jubeltag
7. Frau vom Opa
8. Mitbringsel
9. Öffnet fast jedes Geschenk
10. Ausrede: ich bin ...
11. Mir ist ...
12. Das gibt es am meisten
13. Anfahrt mit dem
14. Abfahrt mit dem
15. Manchmal macht es auch

# DU FEIERST DICH – DEIN GEBURTSTAG

Ja, es kommt vor. Nicht allzu häufig, aber in der Regel doch schon einmal pro Jahr:

## dein Geburtstag

Wie, du feierst ihn nicht? Nie? Achso, nur notgedrungen. Wenn die anderen dich dazu drängen? Weil sie dich mehr feiern als du dich selbst…?!

Oder bist du von der extrovertierten Sorte und kannst es gar nicht abwarten, dass das Jahr endlich rum ist? It's Partytime!!

Vermutlich bewegst du dich, wie die meisten Menschen, irgendwo zwischen diesen Extremen. Völlig normal (endlich!). Allerdings gibt es natürlich auch bei deiner eigenen Feier als hochsensibler Mensch so die eine oder andere Herausforderung zu beachten, als da wären:

1. Groß oder klein feiern?
2. Zuhause oder auswärts?
3. Brunch, Spaziergang, Dinner, Event oder Dancing through the night?
4. Selbst kochen oder Mitbring-Party?
5. Wen lädst du ein?
6. Oder: ...............................................

Schauen wir uns die Vorteile & Herausforderungen einmal genauer an. Kreuze in z.B. blau an, wo du zustimmst und in grün, was du dir für dein Geburtstagsfest wünschst.

| Wie | Pro & Contra | Dein Hit |
|---|---|---|
| **Groß** | <u>Pro:</u> Endlich mal wieder alle auf einem Haufen sehen; da kommt Schwung auf (für die Extrovertierten)<br><u>Contra:</u> zu viele Menschen, zu viele Reize, zu viel zu tun und zu managen – ich will ja schließlich, dass es allen gut geht… | ❑ Pro<br><br>❑ Contra |
| **Klein** | <u>Pro:</u> Überschaubar; wenig Reize; Zeit mit Einzelnen zu sprechen; nicht so viel Aufwand<br><u>Contra:</u> es kommt keine richtige Stimmung auf; niemand tanzt (peinlich vor den wenigen anderen); langweilig (für Extrovertierte) | ❑ Pro<br><br>❑ Contra |
| **Zuhause** | <u>Pro:</u> vertrauter Rahmen; keine weiten Wege; du kannst alle so umsorgen, wie du es magst (Bio, Themenfete u.ä.); das Bett nach der Feier ist nahe<br><u>Contra:</u> letztlich musst du alles machen, vor allem abwaschen und aufräumen; du kannst die Feier nicht verlassen, wenn es dir genug ist | ❑ Pro<br><br>❑ Contra |
| **Auswärts** | <u>Pro:</u> du kannst dich umsorgen lassen; musst nichts vorbereiten und aufräumen; kannst evtl ein neues Ambiente kennenlernen; kannst nach Hause, wenn es dir reicht | ❑ Pro |

| | | |
|---|---|---|
| | Contra: falls es ein unbekannter Ort ist, könnte dich die Ungewissheit, was dich erwartet, stressen; u.U. ist es dort nicht schön, zu kalt, zu warm oder ein weiterer Weg nach Hause | ❏ Contra |
| **Spaziergang** | Pro: Natur tut immer gut, und Natur mit lieben Menschen besonders; du kannst genießen ohne versorgende Verpflichtungen oder eine unbekannte, überreizende Umgebung | ❏ Pro |
| | Contra: deine Gäste langweilen sich; das Wetter spielt nicht mit; du läufst nicht gerne | ❏ Contra |
| **Event** | Pro: du kannst eine schöne Darbietung genießen; du liebst Konzerte, Theater u.ä.; es ist schön, mal nicht zuhause zu sein | ❏ Pro |
| | Contra: Auch hier sorgt die unbekannte (Reiz)Situation für Unruhe oder Stress in dir; das Event könnte nicht deinem Geschmack entsprechen (bei Überraschungen) | ❏ Contra |
| **Dancing through the night** | Pro: oh, wow, jetzt tobt mal wieder so richtig das Leben; viel Spaß, viel Gefühl, viel viel viel... | ❏ Pro |
| | Contra: Geht gar nicht; zu laut, zu viel; kommt auch darauf an, wo (ob Zuhause oder auswärts); da fehlt dir der intensive Kontakt | ❏ Contra |
| **Mitbring-Party** | Pro: du stehst nicht 5 sondern nur 2-3 Stunden in der Küche; es gibt ein abwechslungsreiches Buffet; Essen verbindet und alle genießen die verschiedenen Köstlichkeiten | ❏ Pro |
| | Contra: ungesundes Essen oder zuviel Alkohol ist dabei; 4 Baguettes, aber kein Käse; du regelst gerne selbst, was deine Gäste essen | ❏ Contra |

| | | |
|---|---|---|
| **Philosophischer Salon** | <u>Pro:</u> Endlich sind alle, mit denen du mal so richtig in die Tiefe gehen kannst, in deinem Raum versammelt. Kein Smalltalk, sondern direkt loslegen<br><u>Contra:</u> es fehlen vielleicht die einen oder anderen, deren Leichtigkeit das Leben auf andere Weise versüßt?! ... | ❑ Pro<br><br>❑ Contra |
| **Wen lädst du ein?** | <u>Herzensmenschen (auch Verwandte):</u> du freust dich auf sie; du kannst in ihrer Gegenwart und mit ihnen auftanken, die gemeinsame Zeit genießen; sie verstehen deine hochsensiblen Bedürfnisse<br><u>Pflicht (auch Freunde):</u> anstrengend; die Gefahr, dass die Stimmung kippt; du traust dich (noch) nicht, sie gar nicht erst einzuladen; du verstellst dich, um keinen Unmut zu erregen | ❑ Herz<br><br>❑ Pflicht |

Vermutlich könnten hier noch so unendlich viele andere große und kleine Herausforderungen, aber auch Vorteile stehen.

Notiere sie für dich hier, damit sie nicht verloren gehen:

.......................................................................................................

.......................................................................................................

# SO MACHE ICH'S DAS NÄCHSTE MAL

## Mögliche Orte:

1).............................
2).............................
3).............................
4).............................
5).............................
6).............................

## Ich lade ein:

1).............................
2).............................
3).............................
4).............................
5).............................
6).............................

## Event? Am liebsten:

1).............................
2).............................
3).............................
4).............................
5).............................
6).............................

## Essen am liebsten:

1).............................
2).............................
3).............................
4).............................
5).............................
6).............................

# MEINE FEIER-CHECKLISTE

## Vor der Feier

- Prüfe deinen Befindlichkeits- und Gesundheitszustand – ohne Witz!
- Kläre wer kommen wird oder ob du jemanden mitbringen kannst.
- Wähle die richtige Kleidung – so wohlig wie möglich.
- Setze dir vorher einen Zeitrahmen, ändern kannst du ihn immer noch nach Bedarf.

## Auf der Feier

- Wer tickt so wie du? Suche mit deiner Intuition die Gleichgearteten. Im Zweifelsfall sind es jene am Rand der Feier.
- Genieße deine Außenseiterrolle als Beobachterin und Beobachter.
- In der Klemme - die Flucht nach vorne: Toilette, Glas ist leer, ach, die XY habe ich schon lange nicht mehr gesehen…

## Nach der Feier

- Tiiiieef durchatmen.
- Entreize dein System: Spaziergang (alleine!), Wanne, Wellness, ein Tässchen Tee mit schöner Musik, was immer dein System wieder „abkühlt".
- Beglückwünsche dich zu deinem Mut und Durchhaltevermögen.

Jetzt hast du so viel gelesen, gedacht, gefühlt, gespürt und gemacht – nun ist etwas Ruhe dran. Nimm dir ein paar Buntstifte, mache dir schöne Musik und eine Kerze an, vielleicht auch ein Räucherstäbchen, stelle dir einen Tee daneben und tauche ein in die Welt des

Auf der nächsten Seite siehst du ein Mandala, welches du zu dem von dir gewählten Moment der Stille und Ruhe ausmalen kannst. Falls du Mandalas noch nicht kennen solltest; es ist ganz einfach. Du malst es in den Farben und Mustern aus, die du fühlst. Dabei können die Gedanken ziehen und der Alltagsstress nachlassen.

Schließe dazu zuerst deine Augen, nimm ein paar bewusste und entspannte Atemzüge und lasse die Bewegungen des Alltags in dir zur Ruhe kommen. Fühle, wann der Moment richtig ist, zu beginnen.

Es muss nicht heute fertig werden. Du kannst es immer wieder als Einladung zum Innehalten für dich nutzen.

# MANCHMAL KOMMT ES ANDERS

Es ist Samstag und kein Entkommen mehr. Heute ist der Tag, heute findet Sybilles Hochzeit statt. Seit Wochen, ach, was sag ich, seit Monaten zermartere ich mir schon den Kopf, mit welcher überzeugenden Ausrede ich dem ganzen Trubel entrinnen könnte. Aber mir fiel keine ein und was mir einfiel, fand ich entweder fade oder unglaubwürdig.

Sybille ist meine Schwester und, obwohl sie weiß, wie sehr ich solche Großveranstaltungen verabscheue, besteht sie vehement auf meine Anwesenheit. So gerne wäre ich heute Maus. Nicht dass ich nicht sowieso meistens als graue Maus durchging. Aber heute wäre so ein Mäuseloch in der hintersten Ecke genau das Richtige.

Jo, also Jonathan, packt gerade unser Hochzeitsgeschenk ein, eine schöne alte Suppenterrine mit Silberkelle, als es ordentlich schepperte. Oh nein, nicht auch das noch! Mit rasendem Herz renne ich in die Küche, wo Jo „Scheiße, scheiße, scheiße!" brüllend auf den Fußboden starrt. Klar, an solchen Tagen passiert sowas. Schon tausendmal in sämtlichen romantischen Komödien gesehen. Aber hier, in der eigenen Küche, am Tag der Hochzeit der einzigen Schwester, ist das überhaupt nicht lustig. Die Terrine liegt in unzähligen Splittern auf dem Boden.

Ich sinke auf den nächstbesten Küchenstuhl und stöhne: „Das überlebe ich nicht!". Jo ist inzwischen fertig mit brüllen und hat eine Kehrschaufel organisiert. Ich bewunderte schon immer seine praktische Ader.

„Wie spät ist es?" fragt er, während er die Reste unseres wirklich wertvollen Hochzeitsgeschenks im Mülleimer versenkte.

„Zwei. Warum?" antworte ich eher automatisch als interessiert.

„Komm, wir können noch rüber zum Flohmarkt. Vielleicht finden wir dort noch was." Flohmarkt? Was sollen wir denn jetzt noch auf dem Trödelmarkt finden? Nach der Terrine hatten wir wochenlang Ausschau gehalten. Jo lässt mein Meckern nicht gelten und zieht sich seine Jacke an. Energielos schleppe ich mich zur Tür, einfach nur, weil er immer für mich da ist und ich ihn jetzt nicht hängenlassen will.

Der Flohmarkt ist noch ziemlich voll. Das Gedränge nervt mich zusätzlich und ich schnalle mir meine inneren Scheuklappen um: Nichts sehen, nichts hören, nichts riechen. Ich bin nicht da, aber die anderen eben auch nicht. Irgendwie habe ich das als Kind gelernt und heutzutage ist es durchaus praktisch.

Plötzlich zieht Jo mich aus dem Strom der Besucher an einen Stand. „Schau mal. Was hältst du davon?" Er zeigt dabei auf ein irgendwie farblos wirkendes Holzpuzzle.

Ich frage mich gerade, ob auch seine Wahrnehmung unter dem Schock gelitten hat, als der Standinhaber erklärt: „Das ist ein Freunde-Puzzle. Jedes Teil kann von einem Freund oder Freundin ganz individuell bemalt werden. Dann setzt man alle Puzzleteile zusammen. Sie ergeben ein Herz. Schön, nicht?!"

„Komm, das nehmen wir. Ist auf jeden Fall ungewöhnlich und ich bin sicher, Sybille und Tom haben sowas nicht." Jo bezahlt und wir gehen nach Hause. Auf dem Weg dorthin grüble ich über das Puzzle nach. Was kommt wohl raus, wenn da dreißig höchst unterschiedliche Puzzleteile zusammengelegt werden? Ich kann es mir nicht wirklich vorstellen, beziehungsweise ich sehe innerlich ein chaotisches und verschmiertes Kinderbild.

Auf der Feier angekommen überreichen wir Sybille und Tom unser Geschenk. Sie sind etwas irritiert, weil sie nicht gleich verstehen, um was es sich dabei handelt. Jo erklärt es ihnen. In der Zwischenzeit stromere ich ein wenig durch die Räume und schaue schüchtern, wer alles da ist. Neben der ganzen geliebt-gehassten Sippschaft wenig Bekannte. Das ist einerseits gut. Aber dafür gibt es auch niemanden für ein schönes tiefschürfendes Gespräch. Deshalb gehe ich Geschenke angucken. Ich staune nicht schlecht, als ich auf dem Tisch gleich zwei Suppenterrinen entdecke. Ich grinste erleichtert in mich hinein. Oh, das wäre aber peinlich geworden, so mit drei Terrinen.

Plötzlich entsteht im Nachbarzimmer Unruhe. Tom ruft alle Gäste zusammen. Was ist los? Ein Trinkspruch? Den kann ich auch aus der Ferne genießen. „Nein, Steff, du auch." Damit meint Tom mich und winkt mich energisch zu sich. „Wir haben von Steff und Jo ein tolles Geschenk bekommen, aber es funktioniert nur mit euch allen zusammen, meine Lieben." Damit erklärt Tom nun allen anderen Gästen das Puzzle. Sybille hatte inzwischen schon Pinsel, Stifte und Farben organisiert.

Es wird ruhig. Die meisten Gäste haben sich ein Puzzleteil genommen und sich still irgendwo hingesetzt. Jo und ich haben eines gemeinsam, weil es nicht so viel Teile wie Anwesende gibt. Ich spüre, wie sich in der sich ausbreitenden Ruhe meine Nerven und meine Unsicherheit beruhigen. Zusammen mit Jo sinke ich in die winzige Welt des Puzzleteils, verbunden mit Jo, meiner Kreativität und den Farben.

Nach und nach sammeln sich die bemalten Teile bei Sybille und Tom. Ihre Aufgabe ist es nun, das Puzzle zusammenzulegen. Bei so wenigen Teilen keine wirkliche Herausforderung. Aber was dann geschah, hatte wohl niemand erwartet. Obwohl alle Teile von ganz verschiedenen Menschen bemalt wurden, ergibt das Ganze nun auf wundersame Weise ein harmonisches Bild.

Es ziehen sich lebendige Farbbänder durch das Herz und die so unterschiedlichen Teile scheinen in der Summe neue, eigenwillige Muster zu kreieren. Sie wirken wie Sterne in einer Welt von Farben und Formen. Trotz aller Buntheit wirkt es ruhig und warm. Alle im Raum sind in sonderbarer Weise berührt. Es geht unverkennbar eine besondere Magie von diesem Herz aus.

Zuhause fragt Jo mich: „Hättest du das heute missen wollen?"

„Nein" sage ich glücklich und beseelt. „Manchmal kommt es einfach anders, als man es sich ausmalen kann. Und ich bin froh, dass unsere Terrine abgestürzt ist. Sonst wäre das alles nicht so passiert." Glücklich, aber trotz aller Freude erschöpft, genieße ich die Ruhe in unserem gemeinsamen Zuhause.

Nein sagen … Eine der leichtesten Übungen für Hochsensible. Na ja, vielleicht doch eher nicht? Abgrenzung ist für viele Hochsensible ein herausforderndes Thema. „Vielleicht habe ich ja nicht recht mit meinem Nein?! Vielleicht verletze ich dich und das möchte ich nicht. Ich kann mich nicht festlegen…" Gründe gibt es viele, sich der vermeidlichen Endgültigkeit eines Neins zu entziehen. Ebenso gibt es denn auch viele Tipps, wie du dein Nein findest und es überzeugend an den Mann und die Frau bringst, es stimmig platzierst und deine Standhaftigkeit mit ihm übst: Bei Lektionen in Schlagfertigkeit, Rhetorik und Selbstbehauptung oder der Berücksichtigung der Ebenen der Kommunikation liegt der Fokus deines Neins auf dem Umgang mit deinem Gegenüber.

Es funktioniert andersherum jedoch viel besser:

**Jedes Nein zu jemand oder etwas anderem beinhaltet ein JA zu dir!**

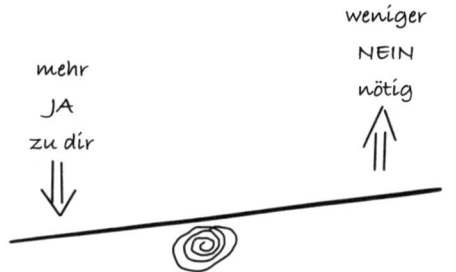

Wenn du zu dir zum jeweiligen Konfliktthema Ja sagen kannst, beziehungsweise weißt, was du brauchst oder möchtest, dann wird das Nein automatisch leichter. Es ist wie eine Wippe.

Wenn dir ein Nein also schwerfällt, stelle dir folgende vier Fragen:

1. Worin brauche ich gerade ein Ja zu mir?
2. Darf ich selbst überhaupt zu mir und meinen Bedürf-  nissen (z.B. nach Ruhe) Ja sagen?
3. Respektiere ich meine eigenen Grenzen oder übergehe ich sie oft?
4. Was würde sich ändern, wenn ich zu mir Ja anstatt zu anderen Nein sage?

Ja, was würde sich eigentlich durch ein Ja zu dir selbst ändern? Wir spüren wohl alle, dass ein Ja eine ganz andere Energie in sich trägt als ein Nein. Wer hört schon gerne ein Nein. Bei einem Ja jedoch öffnet sich das Herz – das eigene und, bezaubernderweise, auch das des Gegenüber.

Für das eigene Ja zu dir braucht es allerdings Mut. Den Mut, die Ketten alter Glaubenssätze zu lösen. Den Mut, dich selbst in einer Weise zu sehen, wie du es vielleicht vorerst noch nicht im Badezimmerspiegel oder in den Begegnungen mit deinen Freunden und Verwandten spürst. Das Ja selbst ist keine Entscheidung, sondern ein Prozess. Die Entscheidung triffts du *vor* dem Ja in dem Moment, in dem du dich innerlich für deinen Wachstumsweg entschieden hast.

# ENDE GUT, ALLES GUT?

Ende gut, alles gut!? Eins fehlt noch:
Der Abschluss einer Feier!

Eine Feier ist erst zu Ende, wenn du wieder zuhause bist. Aber das ist manchmal einfacher gesagt als getan. Da ist die Frage des richtigen Zeitpunkts des Abschieds und der Überlegungen, ob du dabei tatsächlich nach deinem eigenen Bedürfnis handeln darfst, entgegen deinem Verantwortungsgefühl, das schmutzige Geschirr am Ende nicht den anderen zu überlassen und so weiter.

Je besser du weißt, wie du „tickst", was dich von dir und deinen veranlagungsbedingten Bedürfnissen abhält, und wie du selbst gut für dich sorgst, mit umso mehr Freude wirst du die Feier genießen – zu Ostern, Weihnachten, Omas oder Papas Geburtstag oder auch bei deinem eigenen. Los geht's!

# Welcher Tschüss-Typ bist Du?

☐ Ich räume immer am Ende mit auf. Kann ich doch nicht den Gastgebern überlassen. Außerdem war alles so schön bunt hier ... (Hochsensibel? Extrovertiert?)

☐ Ich gehe kurz nach dem Trinkspruch. Da ist es dann eh so unruhig und ich weiß nicht wohin mit mir.

☐ Ich stehe solange am Rand, bis keiner merkt, dass ich schon längst weg bin.

☐ Ich schließe mich den Ersten an, die gehen. Fällt dann nicht so auf.

☐ Ich gehe entspannt, wenn ich spüre, dass meine Zeit auf der Feier um ist. Ich habe das Fest und die Menschen genossen.

Der Zeitpunkt des richtigen Absprungs auf einer Feier klingt einfacher als er ist. Wir Hochsensiblen haben ein anderes Empfinden, was die Länge einer Veranstaltung oder Zusammenkunft mit anderen anbelangt.

Weil wir in der gleichen Situation deutlich mehr Reize und Informationen wahrnehmen, sind wir auch schneller „satt". Also wollen wir meist auch früher gehen.

Eine typische Ausnahme gibt es jedoch: Wir sind mit jemanden in ein

**superspannendes, intensives Gespräch**

über genau die Themen vertieft, die uns Inspiration und Bereicherung sind. Dann kann die Feier gar nicht lang genug dauern. Daher immer wieder: Halte Ausschau nach Deinesgleichen!

## Der Auskehr-Typus

Du hältst richtig lange durch – und das mit großer Begeisterung. Zwar fallen dir schon die Augen zu, aber das Happening kannst und willst du dir nicht entgehen lassen beziehungsweise mutwillig verkürzen. Dann bist du auf jeden Fall auf der Skala der Extro- und Introvertiertheit eher:

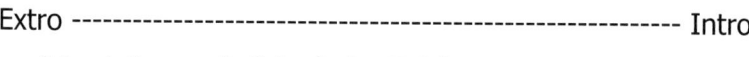

Extro ------------------------------------------------------------ Intro

Setze ein Kreuz an die Stelle, die dem Maß deiner Extroversion entspricht

## Der Verantwortungs-Typus

Verantwortung wird bei vielen Hochsensiblen großgeschrieben. Rufst du auch immer, wenn auch zähneknirschend, als Erster „HIER", wenn es um Aufgabenverteilung geht? Hältst du es nicht aus, zu warten, bis auch die Zögerlichen und Unwilligen ihre Verantwortung spüren und in Gang kommen? Wie stark ist dein Verantwortungsgefühl?

Mach du mal-----------------------------------------------------------Ich mach's

Setze ein Kreuz an die Stelle, die dem Maß deiner Verantwortung entspricht

## Der Unsichtbarkeits-Typus

Wenn schon Feier, dann möglichst unsichtbar. Es soll dich keiner anquatschen, du keinen langweiligen Smalltalk führen und – ganz wichtig – durch deine Unsichtbarkeit die Lage beobachten, um die vielen Reize und potenziell unangenehmen Menschen in Schach zu halten.
Huhu, bist du noch da? Wenn ja, kreuze an, wo.

Hier bin ich -----------------------------------------------------------Bin nicht da

Setze ein Kreuz an die Stelle, die dem Maß deiner Unsichtbarkeit entspricht

## Der Entspannungs-Typus

Du schlenderst locker durch die Runde, schwatzt mal hier und plauderst mal dort. Du fühlst dich wohl, ganz unangestrengt, bist mit dir und der Situation im Reinen. Zu kommunizieren fällt dir leicht, und auch ein Ende zu setzen, wenn es für dich zu Ende ist, stellt kein Problem dar. Oder doch nicht?

Locker--------------------------------------------------------angespannt

Setze ein Kreuz an die Stelle, die dem Maß deiner Anspannung auf der Feier entspricht

## Der Ambivalenz-Typus

Geh ich oder bleib ich? Zuviel, zu wenig oder kommt noch was? Ambivalenz kennt wohl jeder von uns und weiß damit auch, wie unangenehm dieser Zustand ist. Vermeintlich (Verstand) lässt sich die Sache X aber grad nicht so einfach entscheiden. Aber das ist ein Trugschluss.

Die 1. Möglichkeit ist, Entscheidungen in einer anderen als der gewohnten Art zu fällen. Siehe dazu *Kapitel Entscheidung finden* auf Seite 11.

Die 2. Möglichkeit ist, die Hintergründe zu ergründen. Hierzu ein paar Fragen an dich:

- Wovon hält mich meine Ambivalenz ab?
- Was ist der Vorteil, mich nicht zu entscheiden?
- Wieviel hat das Mich-entscheiden mit dem Ich-stehe-zu-mir zu tun?

# DIE AUSWERTUNG

Jeder Fragebogen, jeder Test hat ein Testergebnis, eine Auswertung. Aber mal ehrlich, wie oft hast du dabei festgestellt, dass du schon beim Ausfüllen gespürt hast, was das „Ergebnis" ist? Nur manchmal, bei sehr ausgetüftelten oder spezifischen Tests kommt auch ein bislang unbewusster Aspekt deines Wesens ans Tageslicht. Aber eigentlich fühlen wir so viel, auch uns selbst.

Bei den Fragen und Anregungen im vorliegen Taschenretter geht es vielmehr um deinen eigenen Prozess als um ein Ergebnis oder eine Einordnung in vorher festgelegte Kategorien, die dem Testling so manches Mal von außen Etiketten überstülpen, die zwicken und zwacken und nie ganz passen, aber dennoch nicht folgenlos bleiben. Und wer, wenn nicht du als feinfühliger Mensch hat die besten Voraussetzungen und Veranlagungen, selbst zu spüren, was sich alles hinter deinen Antworten verbirgt? Würde hier die „Auflösung" stehen, würdest du dich, wenn auch unbewusst, vermutlich in irgendeiner Weise nach der Auflösung ausrichten.

Richte dich nach dir und deinem Inneren aus! Lerne (wieder), dich zu fühlen und deine Antworten aus deinem inneren Empfinden und deinen Körpersignalen herauszulesen und sie vor allen Dingen ernst zu nehmen. Immer wieder, egal wie „sonderbar" sie erscheinen mögen. Ja, es braucht zuweilen ein wenig Übung, aber es macht dich frei! Frei in dir und frei, jede Feier so zu gestalten, wie DU es für dich brauchst und magst.

# F A Z I T

Die Feier ist zu Ende, mit dem Buch sind wir fast durch, es ist geschafft. Wie war die Party? Was nimmst du aus den vorangegangenen Seiten für dich mit? Was ist *dein* Fazit? Bist du ein Feiertyp oder so überhaupt nicht? Oder liegt der Weisheit letzter Schluss mal wieder irgendwo in der berühmten Mitte? Es kommt darauf an, sagst du?!...

Wunderbar! Denn das ist das Geschenk, das wir Hochsensiblen den Menschen machen können: Genauer hinschauen, tiefer nachfühlen, umfassender kreieren. Das meint nicht, dass unsereins die „besseren Menschen" seien, nein, wahrlich nicht. Es meint, dass es für bestimmte Aufgaben im Leben bestimmte Kompetenzen braucht. Oder kaufst du die Sonntags-Brötchen beim Schuster? So sind wir Hochsensiblen, Hochbegabten, medial Begabten und all die anderen Feinfühligen gerade *mit* unseren anderen Empfindungen so wichtig für eine neue Kultur von Festen, Feiern und unserem freudigen Miteinander, dem feinfühligen Feiern.

Abschließend möchte ich dir danken, dass du dich auf diesen ernsten Spaß eingelassen hast, und ich freue mich, falls du deine Erfahrungen mit mir und unseren Mit-Feinfühligen teilen möchtest. Schreibe mir gerne über einen meiner Kanäle deine Erfahrungen mit deinen nächsten Feiern.

Jetzt ist's aber doch genug. Des Taschenretters Ende ist erreicht, Tipps & Tricks wurden freudig geteilt und nun ist es an

aus der nächsten die beste Party Deines Lebens zu machen.

# HINTER DEM ENDE KOMMT

## Danksagung

Kein Buch, und sei es noch so kurz, entsteht ausschließlich still und leise im eigenen Kämmerlein. Da braucht es Bestärkung, Motivation, Kritik (natürlich nur konstruktive) und den berühmten Blick von außen auf das Werk. Daher danke ich von Herzen:

Claudia Drenda
In gemeinsamen Gesprächen über Schreiben, Sprache und Gesundheit war sie plötzlich da, die *Wie überlebe ich...*-Reihe. Leicht, lustig und mit viel Lachen. Danke! Und wenn aus einer Idee Realität wird braucht es ein gutes Lektorat – Ihnen gilt doppelter Dank!!

Andrea Crone, Diana Rollke, Cornelia Brucks
Meine Masterminderinnen, die mein schreibendes Ringen um ernsthafte Literatur mit liebevoller und stoischer Gelassenheit über sich ergehen ließen und es mir mit vielen kreativen Tipps danken. Auch euch gilt großer Dank!

Patrick Goldmann
Mein Haus- und Hofphotograph mit Stil, Witz und Vision. Er glaubt an mich und schenkte mir dafür wunderbare Portraits. Auch wir wachsen aneinander und dafür bin ich sehr dankbar.

## Bildquellen:

| | |
|---|---|
| Strichmännchen: | Zdenek Sasek, über canva.com |
| Auskehrer S. 36: | Nandar von Gambar, über canva.com |
| Fingerzeig S. 41: | Farra Nugraha über canva.com |
| Grundrisse, Wippe: | Cordula Roemer |
| Mandala: | pixabay.com |
| Weitere Grafiken: | canva.com |
| Rätsel: | XWords; xwords-generator.de/de |

## Kontakt:

Cordula Roemer

Bücher, Coaching, Fortbildungen & Veranstaltungen:

| | |
|---|---|
| Website: | www.sensibel-beraten.de |
| Mail: | info@sensibel-beraten.de |
| LinkedIn: | cordula-roemer |
| Youtube: | Cordula Roemer – Veranlagung authentisch leben |
| Instagram: | sensibel_beraten |

# Darf's auch ein wenig ernster sein?
## Meine weiteren Bücher

### *Hurra, ich bin hochsensibel! Und nun?*
Das Buch für die Integration deiner Hochsensibilität

Von der eigenen Veranlagung zu wissen ist die eine Sache – sie zu integrieren eine andere! Verschiedene Aspekte der eigenen Geschichte, aber auch verschütt gegangene Gaben, Bedürfnisse und Wünsche sind zu entdeckende Bestandteile einer gelingenden Integration der eigenen Veranlagung

Dieses Buch begleitet dich in vielen, aus der psychologischen Sicht beleuchteten Aspekten in dein hochsensibles Leben.
Springer Verlag; ISBN: 978-3662538395

### *Ein hochsensibles Jahr mit Gustav*
Hochsensible Fakten in Romanform

Gustav ist Bibliothekar, eigentlich glücklich liiert und ganz zufrieden mit seinem Leben – dachte er! Als er jedoch entdeckt, dass er hochsensibel ist, gerät so manches aus den gewohnten Bahnen. Beruf, Liebe und sein Wohnzimmer ändern sich auf überraschende Weise.
Ein Roman in über 200 Episoden, kommentiert von Gustavs Therapeuten zum leichten und lustvollen Einstieg ins Thema Hochsensibilität.
Springer Verlag; ISBN: 978-366254842

### *Bin ich wirklich hochsensibel?*

## 20 Unterschiede zwischen Trauma und Hochsensibilität

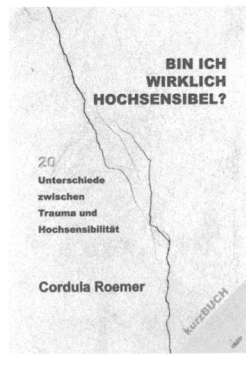

Diese Fragen stellen sich nicht nur jene Menschen, die sich in den Merkmalen einer Hochsensibilität wiedererkennen.

Auch Fachkräfte und Experten befassen sich mit dieser Überlegung, da ein Trauma einer Hochsensibilität durchaus sehr ähnliche Verhaltensmerkmale aufweisen kann. Was ist hier also was?

In diesem Buch folge ich dieser Spur anhand von 20 Merkmalen, die ich unter dem Blickwinkel der Hochsensibilität, aber auch einer Traumatisierung genauer betrachte.

BoD Verlag; ISBN: 978-3756818211

### *Perlen im Getriebe – Hochsensibel im Beruf*

## Stärken gezielt einsetzen

Perlen glänzen im Sonnenlicht, wenn wir sie aus ihrer Heimat der Muschel entnehmen. So ist es auch mit den Schätzen hochsensibler Menschen: Erst wenn du deine spezifischen Gaben deiner Disposition kennst, kannst du sie nach außen bringen. Dort können sie sich entfalten und in ihrer feinfühligen Art wirken.

Welche Schätze und Kompetenzen deine Hochsensibilität für dein berufliches Leben in sich birgt, und dass es wesentlich effektiver ist, diese Schätze zu bergen als neue anzuhäufen, legt dir dieses Buch nahe.

Humboldt Verlag; ISBN: 978-3869106687

## Mein hochsensibles Kind

### Sanfte Unterstützung für dein sensibles Kind

Hochsensible Kinder sind anders! Sie fallen auf, oftmals fallen sie aus dem Rahmen und immer steckt hinter dem scheinbar schwierigen Wesen ein höchst feinfühliger und kreativer Mensch.

Gerade auf den körperlichen und psychischen Ebenen reagiert ein hochsensibles Kind besonders empfindsam auf zu starke Reize. Mit sanfter Medizin und achtsamer Begleitung kannst du dein Kind passend und feinfühlig unterstützen.

Gräfe & Unzer Verlag; ISBN: 978-3833861970

## Hochsensibel -

### Wege mit sanfter Medizin

Hochsensibilität betrifft jede deiner Zellen und jede emotionale Stimmungslage. Dein Körper reagiert wie ein Seismograph auf alles. Meist benötigt er nur wenige und sanfte Impulse, um zu reagieren. Vieles in unserer Kultur ist jedoch für dieses fein gestimmte Instrument zu grob oder viel zu viel.

In diesem Buch erhältst du unterschiedliche Hinweise und Anregungen, die auf ein hochsensibles System abgestimmt sind.

Lerne, den Signalen deines Körpers zu vertrauen und unterstütze ihn dabei mit der sanften Seite der Medizin.

Gräfe & Unzer Verlag; ISBN: 978-383385316

### Abenteuerlustig & Hochsensibel

Hochsensible auf der Überholspur?

Gibt es sie wirklich, die abenteuerlustigen und risikofreudigen Hochsensiblen? In diesem Buch begibt sich Cordula Roemer auf die Suche nach weiteren Ursachen oder Auslösern, als nur die des Sensation Seekers, den die amerikanische Psychologin Elaine Aron in ihrer Typologisierung von extravertierter Hochsensibilität, kurz HSP/HSS genannt, beschreibt.

Dieses Buch beschreitet einen Diskurs rund um die verschiedenen Phänomene der Feinfühligkeit.

Springer Verlag; ISBN: 978-3658350734

### Ich bin wie ich bin

Wenn das Leben hochsensible Geschichten schreibt

„Wie erkenne ich denn Hochsensibilität im Alltag?" Wer kann diese häufig gestellte Frage besser beantworten als Hochsensible selbst! In diesem Buch kommen neun sehr unterschiedliche Protagonisten zu Wort. Ihre Biografien geben Einblick in das intensive, häufig herausfordernde, aber immer wieder auch schöne Leben hochsensibler Menschen. Sie beschreiben Höhen und Tiefen des Alltags und wie sie die spezifischen Herausforderungen ihrer Veranlagung gemeistert haben.

Erhältlich: www.sensibel-beraten.de

# DIE LETZTE SEITE

# So schön, du bist noch da !

Du hast es bis zur allerletzten Seite geschafft! Das zeugt von echtem Durchhaltevermögen und sollte unbedingt belohnt werden.

*Glücklich, die wissen, daß hinter allen*
*Sprachen das Unsägliche steht;*
*daß, von dort her, ins Wohlgefallen*
*Größe zu uns übergeht!*

*Unabhängig von diesen Brücken*
*die wir mit Verschiedenem baun:*
*so daß wir immer, aus jedem Entzücken*
*in ein heiter Gemeinsames schaun.*

*Rainer Maria Rilke*